문신을 읽다

문신을 읽다

| 김선아 시집 |

세종출판사

시인의 말

『비 내리는 바다』에 이어
두 번째 시집을 엮는다.

엮어놓고 보니
만 5년간의 나이테가
고요히 사라지는 날은 아니었음을

실오라기 자리마다
푸른 바람이 살았음을 본다.

긴 마음
외진 길
모두가 감사함이다.

2016년 5월

김선아

| 서문 |

아! 참으로 배려와 헌신의 시인

정영자 | 문학평론가. 한국문인협회 고문

김선아 시인을 만난 것은 내 일생의 끝자락에서 얻은 행운이었다. 현란한 요설과 수단 방법을 가리지 않고 덤비는 명예와 돈에 혈안이 된 사람들이 난무하는 것은 문인사회에도 예외가 아니었다. 살다 보면 밀물과 썰물이 있듯 물결은 계속 모래사장 끝을 놀며 즐긴다. 그 속에서 파도도 일고 풍경은 아름답고 갈매기는 낮게 높게 날며 디자인의 선과 율동의 묘미를 준다. 세상은 혼돈과 가변의 가능성을 가지고 변화하면서도 인간됨의 본질은 결코 변하지 않는 품격을 가지고 있다.

사람이나 풍경도 품격이 있어야 고아하다. 아름다운 것보다 더 감동적인 것은 이 시대의 격을 가지고 있는 문인들이다. 고개 처박고 삐딱하게 인사하는 것이 겸손인 양 제조하는 거짓의 탈은 그렇게 오래가지 못하는 법, 많이 속고 앞으로도 누군가를 지속적으로 속이고 살 부류들이다. 무위자연이라는 동양적 해법은 정말 감탄스럽다. 접근도 인사도 자연스러워야 한다. 김선아 시인은 무위자연이라는 것이 사람에게 적용될 수 있다면 그런 사람이다.

필자는 그의 첫 시집 『비 내리는 바다』(2011.5.)에서 다음과 같이 그의 시를 해설한 적이 있다.

> "김선아는 천상 서정시인이다. 군더더기 없이 맑고 간결하게 압축된 시는 잔잔한 공감을 주는 따뜻하고 참한 시가 된다. 그러나 그 내공은 매우 단단하다. 여러 문학단체에서 자원봉사하는 불심이 강한 시인이라고 알고 있다. 그의 시는 신선하고 경건하다. 그리고 항상 저만치 사유하는 여유가 있어 좋다. 그리고 내밀한 평화와 지금 이 시간의 행복에 대하여 잔잔한 물살 하나 띄우고 있다."

이번 시집에도 그와 같은 특성은 그대로 유지하면서 더 깊고 넓게 시의 영역을 넓혀 갔고 곳곳을 다니면서 발끝에서 꽃피는 시의 현장을 소중하게 경험하고 있다는 사실이다. 그때 나는 그를 잘 모르는 상황에서 해설을 썼다.

> 제각기 다른 모습을 한 돌들이
> 제 모습을 지니면서도 용케 맞아떨어지는
> 중심을 맞추어 가는 일이네
> 한 계단씩 오를수록
> 눈멀게 해야 하고
> 귀먹게 해야 하는
> 싱싱한 풀도 볼 수 없고
> 잘 여문 사문도 들을 수 없는 일은

미고 지는 것들과 결별하는 일
발돋움할수록
모난 돌은 목을 빼야 명부가 될 수 있고
마음은 땀을 흘려야 하는
한 허허로움 속에서
한 우주를 받드는 일이네
둥글게 감아쥔 손이 모서리를 읽어갈수록
비로소 지평 한 자락 놓는 일
손가락마다 전갈 같은 말들을 단념하는 일이네.

-「돌탑 쌓기」 전문

은유와 상징, 단단한 내공으로 응축된 이번 시집에서 훨씬 깊어지고 알찬 시와 조우하게 될 것이다.

2005년 계간지 『대한문학세계』의 시인으로 등단하였고 2007년 월간지 『문학공간』으로 재데뷔하였다. 그는 이미 2011년 부산문학상 우수상, 2012년 실상문학상 작가상으로 기초적인 시의 세계에 대한 가능성을 평가받은 바 있고 『문학도시』 편집차장을 거쳐 2012년 『여기』 편집장으로 문학잡지를 만드는 기획과 편집, 교정과 사진 촬영 등 기본적인 출판 관련 일들을 기초부터 닦아서 2016년부터 문학계간지 『여기』 편집 주간으로서 책임 있는 일에 봉사하는 시인으로 자리매김하였다.

그를 눈여겨본 것은 불교 관련 단체에 참석하여 멀리서 그를 본 것이다. 급하게 달려오지도 않고 인사말도 거의 없이 인사만 하고 자기 할 일에 몰두하는 조용하지만 깨끗한 이미지의 시인은 우리 여성문협에서 필요한 인재가 될 것이라는 것을 예감했고 몇 번 공식 석상에서 만날 때면 입회를 공식 제의했다. 그는 나의 기대에 부응하는 신선한 감동을 주는 사건이 일어났고 그 감격은 후배들을 위하여 공개하지 않을 수 없다.

나는 명예가 모자라서 부산문협 회장에 출마한 것이 아니었다. 세속적인 잣대로 말한다면 이미 1980년대에서 2000년대를 누비면서 부산지역 여성 사회 참여와 문화 활동에 대한 인기 교수였고, 여러 곳의 강연 요청을 수업 시간 때문에 거절해야 했던 잘나가던 강사였으며, 대학에서는 9년을 사회교육원장으로서 행정을 책임지며 소속 기관을 경영해야 하는 자리에 있었다. 다만 오랫동안 보아온 문협의 여러 가지 부분에서 내가 꼭 해내어야 하는 포부가 있었기에 정신적 물질적 출혈을 감수하여 회장이 되었고, 즉시 하고 싶은 일에 착수하여 많은 예산부터 확보하고 문인들의 창작열기를 위하여 상금 확보와 대폭적인 작품 발표지면을 만들고자 문학지 월간화를 이루어 낸 것이다. 그리고 하고 싶은 일은 이미 회장이 되기 전부터 시작한 시극 붐이었다. 모든 시인이 자기 작품부터 소화해서 낭송하는 애송시와 낭송의 일상화를 통하여 독자들과 시민에게 다가가는 일이었다.

나는 생동하는 시에 좀 더 볼륨 있는 공간을 내어주고 싶었다. 부산 바닥에 시극의 붐을 만들어 가는 생활인의 종합적인 예술화를 꿈꾸어 왔고 8년 동안의 끊임없는 연구와 보완, 희생과 즐김을 통하여 이제는 어떤 주제나 토막 이야기를 가지고 시극이나 시퍼포먼스를 만들어 내는데 경험을 축적하였다.

<물소리 시극단>을 창단하여 매년 절찬과 환호 속에서 우리는 즐거웠고 화합과 협력을 만들어 가는 견인차 역할을 하고 있다. 많은 인원이 동원되어 하나의 감동적인 이야기를 풀어가는 기교와 매력까지 읽고 표현할 수 있는 시극 동아리는 부산에서 유일무이한 것이다. 작게는 한두 사람의 출현이었지만 많게는 40여 명의 출현으로 장대한 이야기를 한 시간 안으로 집약하여 만든 간결한 은유와 상징은 문학 이상의 감동을 주기도 하였다. 기획하고 연구하며 읽고 조사하여 대본을 만들어 가면서 의도를 뚜렷이 하고 재미와 공동체의 서사를 부각시킨다. 예술의 경계를 허물며 넘나드는 융합예술을 즐기고 지휘하는 보람은 엄청난 것이다.

2008년의 여름은 뜨거웠지만 행복했다. 정년퇴직 이후 텃밭에서 기르던 유기농 채소들을 공급하며 사단법인 부산여성문학인협회의 사무실에서 직접 밥을 해먹으며 연습하던 날은 행복했다.

2008년 8월 5일 저녁, 시극 <연오랑과 세오녀>를 광안리 해수욕장의 특설무대에서 공연하던 날의 감격은 잊을 수 없다. 그리고 나는 2010년 부산문인협회의 회장이 되어 2010년의 시극 <헌화가>, 2011년의 시극 <2011 나혜석을 만나다>, 2012년 시극 <장산국> 공연 등을 앵콜 공연까지 이어가면서 언론의 관심과 시민의 뜨거운 참여를 만들어 내었다.

이러한 숨 가쁜 나날 속에 <2011 나혜석을 만나다> 공연은 성격극으로써 상당한 노력을 기울인 공연이었다. 주인공

나혜석이 그 짧은 시간에 옷을 바꾸어 입고 일본 유학 중인 여대생, 한창 멋을 부리는 젊은 시절, 남편과 함께 파리로 여행을 떠나 파리짱으로 즐기던 시절, 동래 시가집으로 귀국하여 시어머니와 시누의 갈등 속의 옷차림, 이혼 후의 처절하게 무너지며 손발을 떨며 거지 행색으로 수덕사로 일엽스님을 찾아가던 날 등을 연출하였다. 파노라마같이 짧은 순간을 주인공은 무대를 출입하는데, 무대 뒤에서는 한 사람이 책임지고 진행을 신속하게 도와주기 위한 보조 도우미가 필요했다. 엑스트라도 아닌 무대 뒤의 궂은일들을 흔쾌히 해줄 희망자가 있을 리 없었다. 김선아 시인은 옆에 있다가 "나는 시극 할 재능은 없으니 무대 뒤에서 주인공의 출입시 옷을 신속하게 바꿔 입는데 도와주는 역할을 하겠다."라고 하였다. 그리고 공연 연습이 있을 때마다 나타나서 무대 뒤의 그 빛나지 못하는 역할에 최선을 다했다. 그때 낯 내지 않고 자랑하지 않으면서 조용히 묻혀서 <나혜석> 공연이 끝났으며 그 일은 나도 잊고 모든 사람들도 모르고 그렇게 5년이 흘렀다.

본격적으로 문학 계간지를 편집하며 원고료를 송금한 것도 4년밖에 되지 않았다. 그 실무를 담당하면서 교통비 한 푼도 받지 않고 헌신하는 그의 자세에서 어떤 때는 이래도 되겠나 하는 내 나름의 우려를 가지기도 하였다. 자신에게 지나치게 엄격해서 오히려 어떤 때는 나 자신이 무참할 때가 한두 번이 아니었다. 김선아 시인은 그런 사람이었다. 전국문학인꽃축제 때는 책자와 깃발시화, 회계 결산 등 모든 것을 처리한다.

일 년에 4번 발간하는 문학계간지 『여기』의 원고 청탁과 편집, 결산 등 수십 명의 문인에게 원고료 송금도 어렵고 번거로우며 잘못하면 욕먹기 좋은 위치이기도 하다. 그런 걸 세세하게 보고도 안 하고 때로는 혼자 짊어지고 가는 책임감 등도 나는 어깨너머로 딴 문인들에게 듣기도 했다.

90세 가까운 시어머님과 친정어머님을 가까이에서 모시는 며느리와 딸의 예절이 몸에 배이고 깊은 불심이 김선아 시인의 행동을 그렇게 깊은 사유와 헌신, 배려의 모습으로 변하게 한 것이라 생각한다.

그의 격조 있는 향기 나는 일상을 보면서 내가 부끄럽다. 가끔 하는 말이지만 25년 넘게 오는 우리 집 도우미 아줌마의 품격에서 나는 때때로 부끄러울 때가 있는데 김선아 시인도 그런 사람이다.

내 복이다. 여학교 시절 동급생 집에 가정방문 가는 담임 선생님 따라가서 우연히 만난 유명한 시인의 사위라는 분이 만년에 이름을 날릴 것이고 늦복이 많을 거라고 했는데 정말 내가 내 인생의 황혼기에 김선아 시인을 만나서 살갑게 살맛이 난다. 그는 그 서툰 솜씨라도 회원을 위하여 우리 기장밭에서 즐거운 마음으로 채소를 수확하고 있다. 그는 작년부터 올해 12월까지 사단법인 부산여성문학인협회의 회장으로도 수고하고 있다.

서문 한 장을 쓴다고 시작한 것이 말만 많아졌는데 그의 두 번째 시집 발간을 축하하고 깊어 가는 그의 시문학 세계를 우리 함께 지켜볼 일만 남았다.

차례

2부

3부

4부

1부

문신을 읽다

에스프레소 진액 사이로
수런수런 소요하는 의암호를 바라본다
태양으로부터 가장 멀리 떨어져 있는
햇빛 물에 젖지 않는다
물 내 짙은 나무 볕에 타지 않는다
벌거숭이 파문이 등고선을 그리는 사이
초록색 날개를 가진 부유물이
물수제비를 뜬다
물바람이 물을 긷는다
한 겹 한 겹 일렁일 때마다
세상이 걸어놓은 주술로부터
비밀은 기적처럼 귀를 얻나
변신을 모르는 문신 무늬가 된다
더운 바람 속을 레일이 달린다
아픈 살 멀어진다.

압해도는 노향림이 그립다

묻은 바다를 보고 바다는 뭍을 보고 있다
경계를 가르는 시비 하나 번지수처럼 서 있다
신발짝 같은 고깃배는 둥둥 수신을 부르는데
비릿하지 않은 항구 짜지 않은 바람은
숭숭 구멍 뚫린 김발만 만장 같이 깔아 놓고
만선처럼 퍼질러 앉았다
구릿빛 태양이 바닷길을 내는 동안
옛날은 볼 것 들을 것 모두 비우고
비석처럼 돌에 글자를 새겼다
옹기종기 재촉하던 사모곡을 기웠다
바다가 육지가 되고
숱한 바람에 세상살이 들고 나는 동안
시인은 시두렁을 깎았다
떠나지 못하는 섬 노향림이 살고 있다.

고양이 가족

삼 층 빌라 모퉁이 나뭇더미 틈에서
발정 났던 고양이 젖줄 트는 소리
밤새 담벼락 타고 올랐다는데
이 층 욕쟁이 할머니 불면 휘두르는 소리에
놀라 튀어나온 고양이 괴성 따라
덜 마른 새끼 대여섯 더듬더듬 엄마 세상 밟는다
천 갈래 만 갈래 널뛰던 그도
잘 키운 아들은 있다는데
잘 나가는 아들의 형편은 구차한 변명
때만 되면 바다 건너 아들 손자 바쁘다는 그의 허세도
손바닥만 한 새끼 고양이는 차마 내치지 못하고
삼복에 몽둥이만 헛품 추었다
몰래몰래 놔주던 생선 가시 대신 미역국이 생각나
먹물처럼 번지는 산고 때 땀방울이
고양이 울음처럼 등을 적신다.

삼정헌 명물

어디선가 팔 부 능선 글씨를 풀며
조선의 세조 서거정 다산 초의 추사
임들의 혼이 다녀오시는가

물소리가 낳았다는 수종사 나무 찻방
햇살처럼 건너는 햇세작 잔에
담수 같은 목탁소리 다리를 놓는다

울긋불긋 환한 세상 사람들아
옹기종기 도량에 굴절 같은 헌심
넉넉히 보시하지 않으시려나

흰 강 흰 하늘 흰 현판 흰 서까래 흰 등 흰 북
여러 새소리마저 호미질한다
흐름을 잃은 검은 물도 함께 하고 싶다.

스카프

바람의 길에서 꽃을 그리며
떠는 그 힘은 어디서 나오는 걸까

소맷귀 총총 걷어 올리고
새하얀 버선발로 아침상 차림에 분주하던
치마폭 질끈 동여맨 반지 같던 약속

동선 따라 지아비의 눈도 따랐을까
풀릴 듯 말 듯 너를 보면
생각나는 가는 한복 허리
목이 삭는다.

넥타이

조여주세요
막히지는 않게
그러나 단단하게

할 말 다 못하고
핵심은 언제나 침묵이지만
풀어지면 한 가닥 허붓해지는 생

아직은
밝은 세상이잖아요.

조령약수터

새롭게 새롭게 새순 돋는
구름도 쉬어 간다는
하늘 아래 영남 과거길
조령에 새의 주막 보이지 않는데
낙방잔 한 술 더 늘어진
초로의 한숨이련가
산봉우리에 걸린 긴 구름
갓끈 고쳐 쓰고 하룻길
봇짐 새로 메고 하룻길
조랑 바가지로 목을 축이는
돌탑마다 허리 묶인 세월
숙연하나
산을 넘어 물을 건너
현을 이우는 행로의 노래
뉘엿뉘엿 내려가는 길도
거룩하게 하소서.

귀가 가렵다

세세생생 속죄인 양
초 한 등 밝혀 합장하고

전각마다 기웃거리는
수덕사 귀들

경계 없이 넘나드는 이런저런 소문
지금도 저려오는가

일엽은 모른 척
환희대는 견성

시간은 전설을 결박하고
바람은 절 문을 열어 놓았다

증도 소금박물관

책 속의 동화가 있더라
꿈 많던 인어공주 신화가 있더라

기역 니은 디귿 리을
분필가루 대신
ㅅ ㅗ ㄱ ㅡ ㅁ을 말하는
어원이 있더라 역사가 있더라

봉이 김선달 단원 김홍도 어사 박문수
아, 국에 간도 하지 않는 여자가

씻지 않은 소금 더미 속에서
주먹을 흘리고 있더라
포대화상이 되었더라.

환청

– 소록도에서

듣지 못해도 느낄 수 있다
보지 못해도 만질 수 있다

이동의 시 단종대
김정균의 시 감금실

화장터는 있어도
묘지는 없는 시설 안에서

허공이되 허공이 아닌 절규의 성
낙원이라 하되 낙원이 아니었을 부역의 성

외로운 후손은 거두어가고
살 만한 후손은 그마저도 외면한다는
한 줌 유해

차마 배경으로 버젓할 수 없어
묵념으로만 또 찍었습니다.

먹자골목
– 부산 창선동

6·25 동란 후 생겼다는
좁은 골목엔 빈터가 없다
문명도 없다

주림도 헐벗음도 없는데
빽빽하게 호객하는 시장기는 무한 공간
생존 향기가 진동하는 불씨는 풍년

얼마나 더 치열해야
속이 찰까
간식 천국
착한 가격

채우고 싶다
향유처럼 빠져나와 연기처럼 스멀거리는
옛과 다른 허기
그곳도 채우고 싶다.

새파란 날을 위하여

하루에도 몇 번씩
마름질 당하는 낡은 구조물

한 생을 지나오는 동안
다 지피지 못한 노독으로 말하고 있다

보이시는가
무럭무럭 잃을 뻔한
동으로 서로
남으로 북으로

땅속 깊숙이 숨 쉬는 변혁의 구도
파삭 솟구치는 황소 쟁기질.

홍랑 소언

서울의 책은 거의 여기서
만들어진다는 신도시 파주 교하입니다

흔한 도로 안내 표지판 하나 없으면 어떻습니까
밭고랑도 없는 허술한 풍경이면 또 어떻습니까

무명진 생
죽어서야 이력 한 비 족보처럼 꽂고

살아서 못다 한 임의 임도 임인 양
합장으로 섬기며 시묘 삽니다

오늘 밤도 버들엔
새잎 나겠지요.

세한도

고르지 못한
천지 절해에

소금 같은 지붕 한 채
돛대 같은 나목 너덧

이밥도 없는데
겨울이 휩쓸고 있다

곧고 여린 흑과 백이
사이좋게 기우는 비밀 한 점

허물지 못한
명백한 귀띔.

회동수원지

– 오륜대

조용한 호숫가에 갈맷빛 바람 이는구나
몰려왔다 몰려가는 호반의 기슭에서
생각을 모두는 너의 사랑도 그리 묻혔으리

옛날은 가고 새것은 살아나
잃어버린 꿈을 찾아 배회하던 백로는
새와 바위와 나무의 노래를 모아 물길을 텄다

멈추지 말아라 물의 바람아
할아버지의 할아버지 핏줄이
아들의 아들 핏줄로 도란도란 하도록

물 내음 가지런한 언저리마다
뜬 눈으로 묻힌 그날의 비경을 기억하자.

동백꽃 성전

먼 데 낙원이 내려와 앉았는가
잠시 비가 멎은 해운대 동백섬
삼키지도 못하면서
어린 목 똑똑 따내고 있다
뒹굴지 못하고
다물지 못한 시위 홍건하다
이 참사에서 기다리면
토막 난 사연 쌓여 오는가
꽃을 두고도 꽃인 줄 모르는
앞만 보며 빠른 걸음 걷는 이
누리마루 등대에 기대어 망루를 푸는 이
한 삽 깊이 뜬 동백섬 덫에는
환상의 끝을 채우는 답이 있다.

후쿠오카 동주

흑백 스크린 아래 흑백 사람들이
흑백 시인처럼 파묻혀 있다

둘씩 또는 혼자
숫자가 박혀 있는 의자에 와서
1945년도 가슴으로
하늘과 바람과 별과 시를 순례하고 있다

어느 왕조의 유물*부터
수번 475번까지의 고백은
부끄러움을 모르는 것이 부끄러움

낮고 담담하다
파문이 인다
모르는 만큼 위무하는 동안
쇠창살 밖 별 무리는 어머니 눈물이다

게슴츠레 불이 들어오고
젊은이들이 앉다 간 자국 무덤같이 깊다
2016년 그도 곧 떠날 것이다
변하지 않는 칠십 흑사.

*윤동주의 시 참회록 중

다솔사 신년

천 년 고찰 다솔사
대웅전 유리벽 밖으로 보이는
한 그루의 감나무 가지 끝에 매달려
위태로이 흔들리는 조막만 한 홍시
아미타 열반이 다가오기 때문인지
아슬아슬 조바심 가눌 길 없다

옆으로 누우신 느긋하신 부처님은
도리천 들 거라 축원하고 계시는가
사시예불 마치고 쫓아나간 후원엔
해우소 향하시는 공부방 스님도
단내에 마음 쓰여 궁금증을 보이신다

합장하고 물러서서 고개를 올려보니
여전히 사리탑을 돌고 있는 홍시
달그락거리던 공양주 보살님도
염화미소 지으시며 눈인사가 환하다.

2부

비밀

바람의 씨앗이
한 호흡의 숨을 탄다
나의 고랭지 흙 속에 들어와
폐에 가득 들어찬 파편을 부딪고 독毒을 허문다
발아하라
목숨 없이 자라는 동굴이 필 줄 알고
외항의 부리로 헤엄치는 것이다
순백으로 무장하고
심장으로 달려가
꽃이 피기를 기다리는 것
꽃으로 달려가
내 틀의 중심을 돌려놓는 것이다.

빈집

기형도의 '빈집'을 훔치고 나온
영광도서 정문 앞으로
막 씻고 나온 듯한 그가 지나간다
빈집 같은 비를 데리고 놀다가
냅다 발을 조여 놓고는
밀림의 시야 속으로 유유히 사라지는
저 자유는 휘모리장단으로 넘어가서
잔뜩 낀 가락을 한판 비워내는
수를 아는 것이네
노래굿 한배도 제대로 못 맞추는 내가
내 마음 갈라보니
하늘공원 같은 누구의
쇠줄 여섯 줄을 흔들려고
억새 같은 뇌로 쇠가 나왔다는 것
더웠다 추웠다 하는 계절을 가진
저 수를 놓쳐버린 폭우 속에서
수수께끼는 알 수 없는 의문을 풀지 못하고
기형도의 '빈집'만 외고 있다.

잠시 낫을 놓다

밤새 이슬이 내린 채마밭 가는 길을
바짓부리 다 젖으면서 다가가
밟힐 것 같은 노지 부추를
손으로 어루만져 본 적 있는가
좌판에 가지런히 정리되어 있는
정물이 아닌
칼로 잘라 막 부쳐내 한 조각 입에 넣은
탐욕의 기름진 전이 아닌
단단한 흙을 겨우 비집고 나와
태양을 바라보는
저 투철한 삶의 방식을
무엇이라고 생각해 보았는가
실낱같은 뿌리는 땅속에 묻고
희디흰 발바닥은 천상을 향해 서서
한 뼘 몸통이 휘어지도록
저와 못지않은 생을 나도 가졌노라고
저 붉은 태양 아래 등에 진 짐을 익히는 것
물과 싸우고 불과 싸워
사실인지 환상인지 구분할 수 없는
하나의 존재가 되는 것.

회향 앞에서

눈 일그러지고
코 문드러지도록
구원하려는 게 무엇인지

모은 손보다 둥근
만삭의 조아림과 한 몸 되어
점점 무거워지는
마침내 살점 다 내어주고

누군가의 간절한 고통 속으로
파고 들어가 소원 들어주었으니
쉽게 꿈꾸는 자
고통과 슬픔에 대해 말하는 자

무심해지는 저 돌부처 속으로 모두
저물어 가는 길
용기 있는 자
조용히 소멸해 가는 길.

경주 주상절리

바다에 떠다니는 빛의 물살 펴서
파도는 기록을 남겼다
저 몇 줄에 용암의 기록들이 깔려
눕고 기울고 솟고 펼쳐진 이야기
깜박일 때마다 상처는 부르튼다
무늬로 새겨 까맣게 타는 동안
들여다보는 먼 길 쉬기도 하지만
물길 걷어가며 삭는 뼈마디 속
누구도 가져가지 못한다
다만 물결 속에서 뽑은 틈과 틈 사이
풀었다 감았다 꺾어가는 빗금 한 자루
상형문자로 남았다.

풍경소리의 사명

단청장이 기거하는 사명암 일승대에서
여섯 쇠기둥을 갉는 풍경소리의 접신을 받는다
어느 기진한 한 생의 시련과 고통을 듣고 와
바람의 언어로 타종하는 울림
참배하면 그 일생 무작정에 귀의할 수 있을까

석비는 못물에 세월을 묻었고
천강유수천강달 극락보전 주련도
머리 파르라니 깎고 수행에 들어갔다

어느 것도 있지 않고
어느 것도 없지 않다는
경전의 말씀으로
저문 한 생이 희미해지는 일은
무음의 불도를 다시 보는 일
내가 세운 절을 내가 지키는 일이다.

감로사 마애불

꿈속에서 애원했다지요
밖으로 나가고 싶소이다
세상으로 들어가고 싶소이다
부처바위에 새겼다지요
삼천 배 삼천 문장까지 넉넉히 되돌리는
마애불 정토예경문
마애삼존불은 큰 바위에
보리수부처님동산이라 이름 붙인 곳에는
못내 흐드러진 약사여래상
더불어 목소리 하애지도록
이륙하는 마음성 마디마다
무게로 앉는 가난한 죄들
죄다 열어 적멸의 물로 감로한다지요
그것은 칠흑으로부터
더욱 생생한 언어로 넘어서는 새벽
아픔의 흔적으로부터
마침내 일어서고야 마는 명랑한 꽃
남몰래 피는 약속이 더 많았더랍니다.

젊은 기억

내 삶의 은유만을 먹이로 알고 사는 어머니가
빈대 같은 내 울타리의 숲 속에서 자취를 감추었을 때
흰 자동차 손잡이는 불통 같은 거대한 짐승의 사내가 되어
내 공황의 중심을 강타했다
주치의 만나고 약 타고 식사 후
어디서 내리셨는지 타기나 하셨는지
독특한 우려 속에서 번식하는 절망의 꼬리를 풀어야 했을 때
역할은 거꾸로 돌기였다
오른쪽 길을 포기하고 왼쪽으로 다시 도는 동안
녹색 신호등은 몇 번이나 바뀌었을까
은행 앞 병원 앞 시장입구를 다시 돌아
중독처럼 출석하는 참숯홍보관 앞에 와서야
망각은 살아났다는 것
자신까지 잊힌 쉰 돼지띠의 뇌가
길 냄새를 맡는 개가 되어 있었다는 것
때론 거꾸로 돌 때가 답인 때가 있다는 것이다.

돌탑 쌓기

제각기 다른 모습을 한 돌들이
제 모습을 지니면서도 용케 맞아떨어지는
중심을 맞추어 가는 일이네
한 계단씩 오를수록
눈멀게 해야 하고
귀먹게 해야 하는
싱싱한 풀도 볼 수 없고
잘 여문 사문도 들을 수 없는 일은
미고 지는 것들과 결별하는 일
발돋움할수록
모난 돌은 목을 빼야 명부가 될 수 있고
마음은 땀을 흘려야 하는
한 허허로움 속에서
한 우주를 받드는 일이네
둥글게 감아쥔 손이 모서리를 읽어갈수록
비로소 지평 한 자락 놓는 일
손가락마다 전갈 같은 말들을 단념하는 일이네.

월정사 적광전

한 자 새기고
한 번 절하고
한 번 절하고
한 번 우러르고

밑바닥을 향해
끝없이 빨려 갈 땐 몰랐는데
돌아서고 나니 생각나네
적광전 천장에
머리가 하얗게 센 학 네 마리

무릎으로 기어서라도
오체투지로 가야 할 길
한순간 그물에 걸릴지라도
날개 접고
저 꽃무덤으로 내려가 앉는 길

공평하게 네 귀퉁이에
추녀 끝 단청처럼 앉아서
법문으로 떠 있고
축원으로 떠 있고

상원사

상원사 석탑에 건강성취라고 적은
종이 깃을 매달고 돌아서는데
꿈이 이루어진다는 거울 앞에서는
거울 안을 보려는 보살들이
빽빽하게 허리를 숙이고 있습니다
호기심에 비집고 보니
바닥 거울에는 비로자나불이 빙긋
위로 보니 천장에서도 빙긋
마음 놓고 몸 놓은 적멸의 꽃이
단청을 스치는 바람 소리로
나를 부르는 줄 모르고
내가 나를 비춘다는 걸 모르고
자방 문고리만 죽비처럼 헤었습니다.

마지막 외출

오래되었을 것이다
흙 뿌리 깊숙이 발뒤꿈치 감추고
울지도 웃지도 못할 물레방아 뒤로
문서 같은 꽃가루 지명처럼 흩뿌리던 때

허기지게 참아왔던 메밀꽃 언덕에 드러누워
단편전집 시절 단발머리 여자아이를 불러본다
효석을 불러본다
맹세를 먼 길처럼 내버려둔 서러움을 부여잡고
한고비 넘을 때마다 불어난 고백이 천식처럼 핀
그분은 봉평이 고향이라 했다

기억 한 가락씩 빼 먹는 미수 노모도
봉평막구수 집에서 막국수를 기다리며
이효석이라 했다
가고 없는 그처럼
가고 없는 어머니가
전생으로 다리를 놓을 때도
국수는 길게 목을 적실까

유년이 들어앉은 책장을 열면
마지막 외출을 내게 물려주신 어머니
갈수록 하얘지는 어머니가
연두색 블라우스에 하얀 모자를 썼던
그날도 위로처럼 데려올 것이다.

연꽃 터지는 소리

귀만 열어 놓은 새벽 네 시
별이 돌아가는 은하 아래
장안 연지는 아직 묵언 중인데
물방울도 숨죽여 숙명 중인데

천하에 생 녹음 중인 황소개구리
연대 흔들고 우주 흔들고
온몸으로 자지러지며 죄짓는 중이다
잠적한 시간 턱턱 메이도록 장복하고
부처님 받자옵는 내막 기다리는데
연꽃 봉오리 터지는 소리
쟁강 쟁강 잘라 먹는다

돌 하나 주워 던지는 긴 팔도 죄
미처 피하지 못한 일순간도 죄
서서히 닮아가는 고역 앞에서
땀 흘리게 여문 충만 툭 터지는 소리.

공곶이 풍경

저 검은 소름 같은 동백나무 터널을 지나면
당신으로부터 나로부터 떨어져 나온
할아버지 꽃과 할머니 꽃이
구부린 수선화 목줄기처럼
등을 구부리고 사는 바다 끝 마을

한쪽 뒤란에는
꽃이 꽃에게 선사하는 이랑이
이만큼 겨울인 나를 에워싸고
연인의 스카프처럼
섬뜩하게 목을 죄고 있다

이 섬을 세운 한쪽 끝에서
저쪽 지천인 꽃평선을
하늘 끝같이 바라보고 서 있노라면
더하고 빼는 깨달음의 무게가
태양처럼 앉혀지는 적멸의 봄

수선화 한 곡조 듣고 싶은 나를 건네주는 것
흘려준 그물에 걸려
쉽게 들켜버린 칼날 같은 궤적들을
송두리째 뽑아내는 것이다.

지심도 밀어

바다가 주렁주렁 매달려 있는 곳마다
포식을 잃은 동박새
방향지시석 따라 움직이고 있다
거리를 기약할 수 없는 동공 중심에는
섬이 만삭으로 피어올랐겠으나
무인의 섬을 가진 새는
씨앗처럼 갇혀 평생이라는 말을 배웠을까
한때는 불꽃 낭자했을 그루터기에서
태극기는 높이 올라 천체를 투시하고 있다
온몸에 새겨 놓은 빛깔로
포라든가 탄이라든가
다 말라버린 화석 내려다보며
또 다른 세상처럼 들려주고 있다
태어난 물의 집으로 돌아가는 시공 한 줄기에
대문도 열어 놓고 땅도 열어 놓고
달콤한 꽃술은 입술만 한 새에게
붉고 푸른 향기는 천길 수백 년까지
대궁 같은 둥지를 내리고 있다.

지폐와 동전이 만날 때

서면 먹자골목 잔치국수 집
등판 편편한 걸인이 들어와 동냥한다
드문드문 홀로객 사이를 몇 돌다
젊은 부부 앞에 선 검은 걸인 떠날 줄 모른다
나무젓가락 놓고 주머니 뒤적이는 남편
투박한 손가락 사이로 국수 꼬리 날렵하다
지폐는 동전을 거부한다
니나 해라 쨍그랑
나무식탁 위에서 나무식탁 아래로
또 한 번 굴러떨어지는 갑 난장판이다
무궁화 꽃이 피었습니다
무궁화는 갑과 을을 또 바꾸어 놓았다
편편이 사라지는 걸인 표정 아무도 모른다
슬로모션
아내는 또 하나 알았다
갑 아무나 하는 것 아니다.

흐린 하례

중간 선반에서 소주잔을 꺼내는데
난데없는 잔 받침이 툭 떨어진다
삽시간 설거지를 막 끝낸 막사발이 깨진다
누군가의 밥이었다가 약이었다가 술이었다가
한 생 받아먹을 만큼 받아먹은 누림
장작불 속에서 청자 꿈꾸던 나신으로
급히 비켜가고 있다
한 생의 민족이 민초가 백태를 흰 꽃처럼 피우고는
무극한 상으로 돌아가고 있다
체념과 달관이 배인 얼굴에 황달기가 오른다.

3부

봄

동면 든
서리 밭에
서설이 내리더니

때 이른
가랑비에
몸 푸는 겨울나무

봄 부를
들꽃 한 송이
새달처럼 피겠다.

송년 범어사에서

부처님
좌선을
하시는데,

산 고개 넘는
제야 하현달,

장엄한 별들이
법성계 읊으며
광휘를 돕는다.

망향가

남과 북
철조망에,
피붓살 헐린
수숫대 사연들.

얼룩진
마음 꺼내,
손잡고 가는
강바람의 노래.

잊어도
못 잊어서,
또 떠오르는
넌 초록빛 언어.

경전의 길

내 마음 안 학습이
밖으로 나오면서
때론 묘하게
돌 세례 맞듯 하였지요

몰매도 나도 못 견뎌 보일 땐
심중에 심은 경전의 말씀들
하나씩 꺼내어
상기하라 하였지요
그대로 움직이라 하였지요

균열엔 파문이 일고
평등은 잠시 자리를 잡았지만

높으신 말씀
얼마나 읊고 새겨야
보살상 빙긋 나투실까요.

봉선화

칠월에 활짝 핀
봉선화 꽃잎이
죄스러울 만큼 탐스럽습니다

비 개인 햇살 몰래
슬쩍한 몇 장 빻은 백반과
조미해 손톱에 얹었습니다

자꾸만 열어지고 잘라야 하는
애틋함 차곡차곡 모아 두었다가
세상 연인에게 축복이 되는 날

보여 드려야지요
첫눈 오는 날엔.

장원명차

기러기는
구름과
하늘에 어우르고

동박새는
산다화와
꽃 잔치가 한창일 때

붓 내로
벽을 칠한
시의 마을에서는

오랜만에 자리한
임과 사랑이

차를 부르며
시를 외운다.

꽃이 지기 전에

꿈이 꽃 되어
죄다 피는 나무가
속눈을 환하게 열고 있습니다

봄물을 우려내던
산과 들에도
향기론 꽃말이 지견을 넘고

벌과 나비도
화분을 날리며
야들한 본성을 분출하는데

마음 맡긴 나의 사람아
봄 단장 그득한 꽃동산을
손잡고 걸어보지 않으려나요
보고 또 보고 다 질까 마음 조입니다.

먹물 즐거움

묵향이 은은하게
글방 가득 번져나면

붓끝도 명제마다
처음처럼 살아나고

청자 잔에 가을 지는 소리
추억처럼 마시면

바람 같기도 하고
설명 같기도 한

풍경과 더불어
적멸로 획을 긋는 내가 있다.

몽당붓

모란 속에 발걸음 담근
벌의 은어를 찍었다가

휘어진 소나무 등허리에서
쉬는 두루미가 되었다가

일인칭
이인칭
삼인칭
운을 띄우다
해지면 홀연히 버려지는

검은 혼 걸어 두고
소솔히 잠기신 당신
나이를 먹었네요.

경계의 거리

혼잣말 잘하는 시어머님이
열어둔 창가에 와서
아는 체하는 새에게 말을 건다

가라 가라
요 와서 그라지 말고
절로 가라

아버지 산에 흩 흩 두고
절로 내려오던 날도
새는 법당 천장에서 파닥였다

엄마는 꿈에서도
안방 천장을
새가 놓지 않았다 했다

지아비일지도
사돈일지도 모르는
새를 꿈꾸시는가

까마귀 쫓듯
빨래를 마친 미수 노모가
마른빨래를 개며

새가 되면 좋제
새가 되면 좋제
마찰음을 내고 있다.

침입자

저승도 급수가 있는가
오늘은 건강검진 하는 날

진료 카드를 들고 뱅뱅 찾아가는 길은
새로 지은 신관
갈아입는 환자복 대기실 소파
휴게실도 안락하고 쾌적하다

진료실 번호판 쫓다
어느새 두 시간여
기구들은 어질어질 눕고만 싶은데

4킬로그램은 더 살찌워도 됩니다
간호사 부추김이 실실 즐겁기도 한
다음 순번 스트레스 점수는 아주 양호

혈액 순환은 조심
나쁜 콜레스테롤은 상승
골밀도는 처방전
운동을 하시오

후년에는 어디 더
적색 통지를 예감하는 동안
꼭대기 구 층에서 공양받은 흰죽 반 공기는
줄어든 키 어느 꼭짓점에서 희죽이고 있을지.

열여섯 살 연실이

몸은 어른인데
보는 눈은 세 살

어른 몸 아이 몸
구별은 하는데

어른 마음 아이 마음
가릴 줄을 모르니

생각하는 모두가
세 살배기 수준

거짓 같은 사람
진짜 같은 사람 속에서

지금은 가고 없는
소싯적 엄마 폭이
무더기로 그립다.

가을과 겨울 사이

한 무리 단풍
훌쩍 떠난 나뭇가지에
누가 달아 놓았나

떠나고 다시 오는
만남과 이별 각각 숨기고
노란 길 안내 표지 깃
나풀거린다

잠시
쉬어가는 사람아
그대라 부르며
가을손님 되어 볼까

낙엽은 마지막 이승 줄
숲은 휜하다
새 간혹 앉아도
진정 그리워지는 배웅이다.

밤비

얼룩진 창문에
누가 써 놓았나

빗방울 연필
또르르 한 줄씩
내려쓴 물글

금단 같은 생이 패이고
벼랑이 패이고

물보다
사람이 많은

불면처럼 켕기는
비 내리는 밤.

홍매

삭풍 내 숨겨 놓다 구름 없이 맑은
이른 봄 발그라히 내밀었다
스치기만 해도 절창의 한 수
찬찬히 읽어 보니 겨우 내
불후의 무기 한 폭 어느 속 깊이 찌르려고
날카로운 생식처럼 뽑아들었네
꽃이 피고 잎이 달리고
낯선 손님처럼 그 앞에 달린
나도 저와 같아서
그렇게 오랫동안 너를 끌어당기고.

눈 내리는 아침

조간을 읽다가
발목이 시려 겉옷을 찾는다

언제부터 내렸나
사계를 덮으며 쌓여가고 있는
창밖엔 눈동자보다 큰 눈송이들

순간은 거슬러 역주행한다
누가 먼저랄 것처럼 눈 소식 하던
선희 영순 금숙 그들은 이미 아련한 이름

'눈 온다꼬 문자 보낼라쿵게 눈그친네 ㅠㅠㅠ,'

그렇지
바로 쓰면 눈 거꾸로 돌리면 곡

이 인연도 언젠가 언젠가는
먼 기억 속의 한 비문으로 노래할
비와 별과 눈 기타를 추억하다.

잃어버린 꿈을 위하여

산이 비틀거리며
계절병을 앓고 있을 때에도
끊임없이 파도가
제 몸을 팔고 있을 때에도
내 노래는
길이 되지 못했다

하나 둘 흩어지고
잠잠한 때에
검게 푸는 슬픔으로
쉬어버린 가락
빈 움막같이 서러워

바람은 제 길을 갔거니
돌의 무게로 짓누르는
너를 붙잡고 다시 쓴다
꽃이여
피던 노래여.

4부

성스러운 길

봉정암 보이는 깔딱고개는
허리를 굽혀야 넘어가는 길
네 발로 기어가는 자신의 인생길
빗장을 풀고 한순간 헛 솟으면
크게 소리치듯 굴러떨어질 것 같은
낫질 삽질 한 발짝 움직일 때마다
내 목숨의 고갯길 살라 먹는 고행 푸는 길
들숨 날숨 불규칙하게 재촉하는 사이
관셈보살 관셈보살
마지막 봉우리 넘는다
암벽을 돌아 계곡을 돌아
석불을 돌고 돌아
버리지 못한 행간 말갛게 지우는
산비탈 울린다
아득히 목탁 소리 들린다.

시들이 동그랗다

찰나를 잊은 동인
'물소리시인들'
경주 남산 삼릉 앞에서
경배를 하네
아침 안개를 빨아 뿜어내는
수액 속에서 더불어 습한
시선은 이미 수해네
직립으로 수장하는 적송 호위
하늘을 가리는데
과열된 태양만은
만삭으로 잉태한
아달라왕릉 신덕왕릉 경명왕릉
젖줄 같은 곡선을 이으며
무엇을 계시 중이신가
낯선 이들이 넘보는
의식 아는지 모르는지
가슴과 무릎을 포개 말은
동그란 등들이 점점이 흩어져
무사 대신 받아 적는 일필휘지
한 점 낙인이 환하다.

할머니와 꽃

활짝 갠 서운암 들판으로
꽃구경 나온 허리 구부정한 할머니
얼굴 살 깊은 골마다
화창한 오월 눈부시게 피었다

어린 날 저랬을까
볕살에 몸 불리는 노란 수선화
까마득히 잊은 양
차마 만지지 못하고
갈음하는 찬가

곱구나
곱구나
참으로 고와서
눈물이 난다.

차를 권하는 사람은 행복하다

한 잎 한 잎 우러난 차를 따르며
하얀 찻잔에 따르며

조심스레 권하는
색과 향을

그윽하게
비우시고

비우시고

더 고운 몸짓으로
또 한 잔
화답하시는

맑은 날에는
종일 물을 끓인다.

숨어 앉은 등

꽃무리에 가려진
틈바구니에서

웅크려 피는
꽃대를 펴 주는 사람아

등을 활처럼
구부리고 앉아

햇빛을 환히 열어주는
비스듬한 뒷모습

그도 꽃이라
이름 붙여 봅니다.

달밤

오늘도
외로운 창 밖에서
정령 한 등 밝히시며
적적한 이 밤을 지켜주시는군요

어제처럼
말 한마디 없이
숨소리 죽이시며
인적 드문 이 안을 지키고 계시네요

그리움끼리
외로움 감추며
무언의 말을 맞대고 있는 우리는
지금도 뒷모습의 끈을 당기고 있겠지요

이 시간만 되면
나도 모르게
궤적을 그리는 그대
내일도 와주실래요.

을숙도

비밀 우거지던 옛 갈대숲 언저리에
해당화 개망초 피라칸사스 활짝 피었다
덜 마른 벽화 시멘트바닥 새초롬한 정원 위로
더듬더듬 길을 익히는 해 어색하다
익숙한 모국어도 어눌하다

새것만 들어선 새 공원으로
새로 소풍 나온 귀부인
단장 잘한 유채 한 뿌리 캐다
완장 찬 남자에게 수모를 당한다

보실 보실한 갈대 꺾어 주던
남자 어디에도 없다
물장난치며 햇볕 같은 노로
노래 불러주던 남자 어디에도 없다

황포돛배 폭에서 도강을 궁리하던
갈대 몇 위로 날개 무디게 저으며
편대 짜는 철새 떼
선두 바꾸는 내규 뿌린다.

이상한 순서

우기에 장대비가 내리는 아침
금강경 1250 제자 수기대법회에
늦어질까 특별히 서둘렀는데
저 아래 주차장에서부터 내려
걸어서 올라가라던 안내
예불 동안에도 내내 떨치지 못하고 있다가
폭우 때문에 늦었는데도
설법전 앞마당에 주차할 수 있어서
다행이었다는
도반의 기쁨 반 의아심 반에
왜 그동안
그 배려를 미처 깨닫지 못했는지
늦게 와서
빈자리 좋은 자리 살피느라
폐가 됐었을 내가
몹시 부끄러웠습니다.

칠불암 초야

달도 없고
별도 없으니
산도 없는 밤

통시 대용으로 빨간 물통 쪽마루 아래 잡아 두고
정확히 아홉 시 취침에 들다

밤이 잠든 틈을 타 창문 밖 일곱 돌부처는
남산 자궁 속으로 불성을 쏘았는가
태양은 탯줄을 끊고 산봉을 낳았다

새벽 4시 도량석
살얼음 같던 산물 녹이고
시침을 정한 종성은 신라 경주를 산파한다

석과모니불
석과모니불
다가가고 다가오는 천 년 문 여는 아침.

안주여 영원하기를

가랑비에 꽃잎이 피고 져도
그대는 언제나 봄빛으로 머물러
하찮은 우울을 밀어 버리네

맑고도 곧은 아픔과 기쁨을
누가 들었겠는가
누가 보았겠는가

그 깊은 예시로 움직이는
임은 아시리
나는 따르네

알 수 없는 혼돈으로
머리가 윙윙거리고
서툰 소란이 고요함 밖으로
인도하려 할 때
나는 나의 빛과 함께 이랑을 건넌다

낮의 소요에서 돌아온
밤이면
죽어서도 묵시인 양
그 안에 몸을 누인다.

퇴직 후

생장 같은 산물 똑똑 받아
언덕바지 아래로 내려보내는
흰 양동이

한 시절 바랜 삶
해우소 앞까지
유배처럼 흘러와서도

푸석진 비탈 적시며
긴 강물 같은 공양을
파종한다.

해 질 녘

개망초 흐드러진
버스 정류장
타고 내리는
사람 하나 없고

엄마 기다리는
까만 새끼 까마귀
저녁노을 몰아낸다

변두리에 눌러앉은
담배 연기
눈치껏 우울하다.

석굴암 본존불

시멘트 덧씌운 돌 동굴을 집으로 삼아
열반을 횃불처럼 끌고 가는
석굴암 본존불

출입통제선을 윗배로 밀며
다닥다닥 친견하는 남녀 보살들
미어지게 석가모니불 염송하는데

모형이 생기고
모조품이 생긴다는 분주한 소문은
그리 밝아 가던가

굳이 빛이 없어도
돌굴 속에서
빛을 향해 정진하는 항마촉지인.

비와 봄

초록초록 유리창 안까지 찾아든다
뿌옇게 입김을 몰아 내쉬며
궐기하듯 산야를 곤두세우고
휘달려 흘러가는 빗물을 몰아
비가 되고 싶어하는 구석구석
발육 촉진제를 투여한다
부푼 골귀마다 훌륭히 삭혀 낸
땅은 은밀한 작업 중
의미가 터져 나오고
오랜 시간 지탱해 온 특별부록이
젖은 메아리로 밀려 올라오면
다만 빗물은 아래로만 흐를 뿐
아직 몸을 풀지 못한 너는
텅 빈 침묵의 공터에서
돌아오지 않는 푸른 잎 붉은 꽃을
죽은 듯 기다리고 있지
괜찮아 이제 봄이야.

흔들려 본다

십일월의 나무가
한 구절씩 경계를 넘어가는
경지에 다다르고 있네요

뚜렷한 득도를 넘어서면
간간이 남아 있던 간격들도
거짓말처럼 배웅 될까요

흔들린다는 것은
살아 있다는 것
듬성듬성한 배경이
희끗희끗 날리는 연륜을 봅니다.

가을의 중턱에서
조금은 물러설 줄 아는
나도 오늘은 나무입니다.

십일월 정물

한 다발 돌아오는
국화절에는
산도 사람도 여민 옷 달래며
저묾과 저묾이 가깝고픈 계절

가까이 다가오는
동천 달 누렇게 기우는 겸허함으로
한 줌 모진 아픈 이의 옛일마저
동그마니 안을 수 있는
더딘 저녁이 되어도 좋은 계절

기쁘고 멍들고 싶던
공존의 이유 쓰다듬으며
고독을 고립시킬
뿌리 한 뼘 더 깊이 취해 심기에
뜻 섞기 좋은 계절.

작아지는 날들

해는 다시 뜨고
어제처럼 아침쌀 씻는데
티브이에서는 밤새 얼굴 싹 바꾸어
묵은해 새해를 갈라놓습니다
멀어지기 싫어 붙잡고픈 것들이
어디 깜짝깜짝 가슴 조이는 것들뿐이던가요
쌀뜨물 따라 떠내려가는
눈먼 콩을 받아 올리고는
나란히 한 생을 나는 곁으로 가서
슬쩍 건드려 봅니다
건드려도 반응이 없으면
흔들어 봅니다
해 같지 않은 해 같아서
흔들리지 않으면
슬플 것 같아서
아. 미칠 것 같아서.

시로詩路를 걸으며

미목님 오시네
착한 미소 머금고
천사처럼 오시었네

산속 풍광을
기척 없는 비처럼 적시며
부채인 양 웃어 뵈는
격양가를 부르게 하시네

돌아갈 생각 마오
꽃 이야기 따습게 따다가
돌연 칩거하는 자유는
더더욱 되지 마오

청하옵는 시풍
수만만 의지하며
한껏 외로우려 화창 하려 하오.

| 서평 |

무늬를 읽다, 무늬를 그리다

박은태 | 문학평론가, 문학박사, 바람길 작은도서관 관장

시를 만나다

가끔 이런 생각이 든다. '시가 현대의 삶에 어떤 의미가 있을까?'라는 질문 말이다. 세련되고 화려한 상품들, 무관심한 사람들마저 귀 기울이게 만드는 광고의 현란하고 마법적인 언어들, 깨끗하고 정교하게 디자인된 도시의 자대들에 길들여진 우리들에게, 시가 와 닿을 틈은 있을까? 아니 이들 새로운 현대의 '미美'와 경쟁하여 시가 생존할 수 있을까?

현대의 도시는 자연을 대체한 인공 낙원이다. 이 속에서의 삶은 매끈하고 화려하다. 그리고 풍요롭다. 그럼에도 많은 현대인들은 뿌리 뽑힌 듯한 공허함을 가지고 살아가며, 삶에 불안을 느끼고 있다. 인간의 삶이 사회적, 경제적 문제만으로는 해결되지 않음을 보여준다. 인간의 삶은 '깊이'를 요구한다. 그리고 풍요보다는 '충만'을 원하다. 사회는 필요를 충족시키고 나아가 풍요로움까지는 줄 수 있지만, 삶에 깊이와 충만을 제공하지는 않는다.

요즘 자주 하늘을 보고, 바람을 느끼고, 꽃을 본다. 한동안 잊었던 행동들이다. 저무는 석양 아래에서, 불어오는 바람 앞에서, 흔들리는 꽃들을 보면 마음이 충만해진다. 왜 그럴까? 그것은 이런 교감을 통해 우리가 우주 속에 깊이 뿌리박힌 존재이고, 이 세계에 존재하는 다른 것들과 긴밀하게 연결되었음을 느끼기 때문이다. 이런 세계의 깊이는 우리를 겸손하게 만든다. 이것이 시가 우리에게 제공하는 경험이고 현대 사회에 여전히 시가 필요한 이유이다.

김선아 시인의 시집 『문신을 읽다』를 펼쳐 본다.

활짝 갠 서운암 들판으로
꽃구경 나온 허리 구부정한 할머니
얼굴 살 깊은 골마다
화창한 오월 눈부시게 피었다

어린 날 저랬을까
볕살에 몸 불리는 노란 수선화
까마득히 잊은 양
차마 만지지 못하고
갈음하는 찬가

곱구나
곱구나
참으로 고와서
눈물이 난다.

- 할머니와 꽃

자연 속에 새겨진 무늬를 통해 삶을 읽어내고, 삶에 새겨진 무늬에서 자연의 섭리를 배워나는 것이 시가 가진 중요한 속성이다. 김선아 시인의 시집 『문신을 읽다』에는 이런 시들로 가득하다. 시집의 제목이 그렇듯, 이 시집에 실린 시들에는 자연과 삶 속에 새겨진 문신들(또는 무늬들)을 읽어내는, 읽어내고자 하는 시인의 노력이 담겨 있다.

무늬를 읽다, 무늬를 그리다

풍경과 상징

모든 것은 흔적을 남긴다. 시간의 흐름, 사람들과의 관계, 우연이든 필연이든 기필코 일어난 사건들, 이 모든 것은 흔적을 남긴다. 얼굴에 새겨진 주름들, 사람마다 제각각의 다른 표정들, 이러저러한 몸짓들이 우리의 몸에 남은 흔적들이다. 사람들의 발길에 무수히 패이고 바람에 닦여진 길, 불볕과 한파를 견디는 과정에서 만들어진 나무의 껍질과 나이테, 풍랑과 무수한 조류潮流에 깎여서 만들어진 바닷가의 돌들은 자연이 공간과 사물에 남긴 흔적들이다. 그리고 이 흔적들이 얽히고 어울려 만들어내는 것, 그것이 바로 세계의 무늬다. 이렇게 새겨진 무늬는 풍경이 아니라 상징이다.

풍경이란, 인간과 자연이 주체와 대상의 관계를 맺을 때, 자연이 드러나는 형식이다. 풍경이 된 자연은 인간 삶과 맺는 근원적 관계를 상실하고, 감상과 여흥의 낭만적 공간이 되거나 자원을 제공하는 경제적 공간이 된다. 인간과 분리된 자연은, 삶과의 이념적 연관성을 상실하고, 하나의 풍경이 된다.

자연이 풍경으로 존재하게 된 것은 인간의 삶과 역사에서 그리 오래된 일이 아니다. 주체(인간)와 대상(자연)으로 세계가 구분된 것은 우리의 삶의 방식이 근대적으로 재구성된 이후의 일이다. 근대 이전까지 자연은 삶의 원형이었고 인간은 자연을 통해 질서와 윤리 감각을 익혔다. 자연은 거대한 상징(혹은 상형문자)들로 새겨진 텍스트였다. 자연에서 멀어진 지금도 인간 존재의 근본은 이 자연이 만든 질서 위에 서 있다. 자연이란 텍스트가 오랜 기간의 진화 과정을 통해 인간의 신체와 영혼에 아로새긴 것이 우리의 본성이다. 불과 몇 백 년의 시간으로 이를 지울 수는 없다. 다만 사회 속에 갇힌 근대 인간인 우리가 이를 착각하고 있을 뿐이다. 현대의 인간을 괴롭히는 온갖 신체적, 정신적 질환과 영적 불안은 바로 이 착각에서 기인한다.

시는 이 착각을 교정한다. 자연에서 분리된 인간을 다시 자연과 결합시키고, 풍경을 상징으로 전환시킨다.

에스프레소 진액 사이로
수런수런 소요하는 의암호를 바라본다
태양으로부터 가장 멀리 떨어져 있는
햇빛 물에 젖지 않는다
물 내 짙은 나무 볕에 타지 않는다
벌거숭이 파문이 등고선을 그리는 사이
초록색 날개를 가진 부유물이

물수제비를 뜬다
물바람이 물을 긷는다
한 겹 한 겹 일렁일 때마다
세상이 걸어놓은 주술로부터
비밀은 기적처럼 귀를 연다
변신을 모르는 문신 무늬가 된다
더운 바람 속을 레일이 달린다
아픈 살 멀어진다.

- 문신을 읽다

풍경으로 존재했던 자연이 깊고 조용한 시선으로 바라보는 순간 비밀을 담은 상징이 된다. 시인은 세계를 상징 혹은 상형문자들로 가득 채워진 거대한 텍스트로 이해한다. 그리고 자연과 삶의 곳곳에서 발견한 상징들을 해독하고 옮긴다. 시집 『문신을 읽다』에서 김선아 시인이 행하는 것이 이것이다.

바다에 떠다니는 빛의 물살 펴서
파도는 기록을 남겼다
저 몇 줄에 용암의 기록들이 깔려
눕고 기울고 솟고 펼쳐진 이야기
깜박일 때마다 상처는 부르튼다
무늬로 새겨 까맣게 타는 동안
들여다보는 먼 길 쉬기도 하지만
물길 걸어가며 삭는 뼈마디 속
누구도 가져가지 못한다
다만 물결 속에서 뽑은 틈과 틈 사이

풀었다 감았다 꺾어가는 빗금 한 자루
상형문자로 남았다.

- 경주 주상절리

물과 빛과 바람 그리고 시간이 덧대어 만든 바닷가 절벽은 세계가 만든 하나의 무늬, '상형문자'다. 시인은 이 상형문자에서 시련, 의지, 꿈 등을 읽는다. 시간의 흔적이 아로새겨진 '주상절리'의 모습은 인간의 얼굴과도 닮았다. 세월에 깊이 팬 주름으로 환하게 웃는 어떤 이들의 얼굴이 오버랩된다. 파도와 바람과 빛에 깎인 주상절리의 모습이 아름답다면, 세월에 패인 우리들의 주름진 얼굴도 그렇지 않을까? 이렇듯 자연의 무늬와 인간이 만드는 삶의 무늬는 서로 호응한다. 자연은 삶의 교과서이고, 삶은 또 하나의 자연이다. 시집 『문신을 읽다』는 자연과 삶에 새겨진 이 무늬들에 대한 기록이다.

무늬를 읽다

시는 주체와 대상이라는 이분법이 아니라, 이 둘의 동일성에 기반한다. 모든 것은 서로가 서로를 비추는 거울이며, 개별 생명들은 각기 존재하는 것처럼 보이지만 서로를 잇는 다양한 끈들로 연결되어 있다. 이렇게 이어진 존재들의 모습은 하나의 무늬가 된다. 시인이 보는 것은 바로 풍경 너머의 이 무늬들이다. 이 무늬들은 시적 세계의 본질이면서 우리가 사는 세계의 숨은 질서이기도 하다. 시가 현실을 반영한다는 것은 이런 의미에서이다.

천 년 고찰 다솔사
대웅전 유리벽 밖으로 보이는
한 그루의 감나무 가지 끝에 매달려
위태로이 흔들리는 조막만 한 홍시
아미타 열반이 다가오기 때문인지
아슬아슬 조바심 가눌 길 없다

옆으로 누우신 느긋하신 부처님은
도리천 들 거라 축원하고 계시는가
사시예불 마치고 좇아나간 후원엔
해우소 향하시는 공부방 스님도
단내에 마음 쓰여 궁금증을 보이신다

합장하고 물러서서 고개를 올려보니
여전히 사리탑을 돌고 있는 홍시
달그락거리던 공양주 보살님도
염화미소 지으시며 눈인사가 환하다.

- 다솔사 신년

'감나무 가지 끝에 매달려/ 위태로이 흔들리는 조막만 한 홍시'를 중심으로 우주의 모든 관심이 모인다. 시인, 부처님, 공부방 스님, 보살님 나아가 석탑과 절 주변의 모든 생명들이 '홍시'의 움직임(열반의 순간)에 집중한다. 열반은 인간만의 목표가 아니라 우주에 존재하는 모든 존재들의 권리로 부각된다. 열반의 입구에 선 자그마한 '홍시'는 생명의 비밀과 존재하는 것들의 운명을 엮는 '우주의 점'이다. 시는 이렇듯 고양된 한 순간, 우주적 드라마의 한 순간에 집중한다.

물론 이런 시적 순간은 찰나다. 집중하여 응시하지 않으면 존재하는지도 모르는 순간들이다. 그런데 이 찰나는 인간과 우주의 순수한 본질을 내포하고 있기에 '영원성'을 획득한다. 즉 순수하게 고양된 '서정적 시간'은 영원을 품은 순간이다. 이때 세계는 혼돈의 껍질을 벗고 하나의 무늬로 현상한다. 시인은 『문신을 읽다』에 실린 시들을 통해 이런 세계의 무늬를 우리에게 전한다.

무늬를 그리다

무늬를 읽는다는 것은 인간의 삶과 우주의 섭리가 맺는 비밀스런 조화를 알아내는 과정이다. 시인은 세계의 공간과 시간 그리고 사물들에 새겨진 이 무늬를 읽는 것에 그치지 않는다. 이 무늬들로 자신의 품성을 만들고 시인의 실존적 삶의 무늬들을 그리고자 한다. 『문신을 읽다』에 실린 시들은 이런 의미에서 보면, 일종의 '구도求道시'들이다.

> 밤새 이슬이 내린 채마밭 가는 길을
> 바짓부리 다 젖으면서 다가가
> 밟힐 것 같은 노지 부추를
> 손으로 어루만져 본 적 있는가
> (중략)
> 단단한 흙을 겨우 비집고 나와
> 태양을 바라보는
> 저 투철한 삶의 방식을
> 무엇이라고 생각해 보았는가

실낱같은 뿌리는 땅속에 묻고
희디흰 발바닥은 천상을 향해 서서
한 뼘 몸통이 휘어지도록
저와 못지않은 생을 나도 가졌노라고
저 붉은 태양 아래 등에 진 짐을 익히는 것
물과 싸우고 불과 싸워
사실인지 환상인지 구분할 수 없는
하나의 존재가 되는 것.

- 잠시 낫을 놓다

십일월의 나무가
한 구절씩 경계를 넘어가는
경지에 다다르고 있네요

뚜렷한 득도를 넘어서면
간간이 남아 있던 간격들도
거짓말처럼 배웅 될까요

흔들린다는 것은
살아 있다는 것
듬성듬성한 배경이
희끗희끗 날리는 연륜을 봅니다.

가을의 중턱에서
조금은 물러설 줄 아는
나도 오늘은 나무입니다.

- 흔들려 본다

세상의 무늬를 읽으며 시인은 삶의 지혜를 배운다. 이 지혜들은 시인의 실존에 삶의 무늬를 만든다. 이 실존적 삶의 무늬는 시인의 인간적 품성이 된다. 『문신을 읽다』에 실린 시들에는 이런 시인의 품성, 실존의 무늬가 잘 나타나고 있다.

부끄러운 짓을 하지 않을 수는 없지만 적어도 부끄러움을 아는 것(「이상한 순서」), 어쩔 수 없이 죄를 짓더라도 죄에 무감각해지지 않는 것(「연꽃 터지는 소리」), 깨달음을 얻지는 못할지라도 가슴 한 곳에 도량道場 하나쯤은 세워두고 사는 것(「풍경소리의 사명」), 시간 앞에서 도망치지 않는 것(「회향 앞에서」), 두드러지기보다는 어울릴 줄 아는 것(「돌탑 쌓기」), 많이 가지진 못해도 시와 차 정도는 생활 속에 놓아두는 것(「장원 명차」, 「차를 권하는 사람은 행복하다」), 속물처럼 흔들려도 꿈 하나는 놓치지 않고 사는 것(「잃어버린 꿈을 위하여」) 등이 시인의 추구하는 삶의 가치이다. 시인이 추구하는 삶은 원만하지만 중심이 있는 삶이다.

> 제각기 다른 모습을 한 돌들이
> 제 모습을 지니면서도 용케 맞아떨어지는
> 중심을 맞추어 가는 일이네
> 한 계단씩 오를수록
> 눈멀게 해야 하고
> 귀먹게 해야 하는
> 싱싱한 풀도 볼 수 없고
> 잘 여문 사문도 들을 수 없는 일은
> 미고 지는 것들과 결별하는 일

발돋움할수록
모난 돌은 목을 빼야 명부가 될 수 있고
마음은 땀을 흘려야 하는
한 허허로움 속에서
한 우주를 받드는 일이네
둥글게 감아쥔 손이 모서리를 읽어갈수록
비로소 지평 한 자락 놓는 일
손가락마다 전갈 같은 말들을 단념하는 일이네.

- 돌탑 쌓기

오래된 지혜 그리고 『문신을 읽다』

어린 시절, 하늘의 별들을 보고 별자리를 읽어내는 사람들을 보면 부러웠다. 지금도 여전히 부럽다. 모래로 뒤덮인 사막에서, 산 그림자도 없는 끝없는 벌판에서, 유목민들은 별들을 보며 길을 찾아간다. 그들에게 별자리들은 세상의 비밀을 그려놓은 지도이다. 자연이 품어내는 온갖 신호에 오감을 반응하며 사냥감을 뒤쫓거나 자연이 알려주는 비밀을 푸는 인디언 사냥꾼과 주술사들도, 그들만의 지도를 가지고 있다. 이들에게 자연은 그저 존재하는 것이 아니라, 온갖 신호와 비밀과 운명을 알려주는 살아 있는 존재이다.

별자리를 읽는 유목민들, 새가 가지고 온 신탁을 읽는 사제들, 신들에게 몸을 빌려주는 무당들, 자연에 오감을 열고 이를 통해 길을 찾는 인디언들, 이들은 인간이 세계와 연결된 존재임을 우리에게 알려준다. 인간이 세계와 연결되었다는 것은, 세계 속에 새겨진 흔적과 무늬 속에 인간이 추구해야 할 가치가 들어 있음을 의미한다. 세계가 보여주고 알려주는 아름다움과 지식으로 몸과 마음의 무늬를 새기는 것, 이들에게는 이것이 인간과 삶의 완성이었다. 현대인이 잃어버린 것이 있다면, 바로 이것이다.

시는 여전히 이 오래된 지혜에 기반하고 있다. 자연은 여전히 삶의 원형이며, 존재하는 것들은 모두 이어져 있고, 이들이 어우러져 만드는 것이 우주의 드라마임을, 시는 변함없이 우리에게 말하고 있다. 우리가 귀 기울이지 않았을 뿐이다. 『문신을 읽다』에 그려진 것도 이러한 내용들이다.

꽃무리에 가려진
틈바구니에서

웅크려 피는
꽃대를 펴 주는 사람아

등을 활처럼
구부리고 앉아

햇빛을 환히 열어주는
비스듬한 뒷모습

그도 꽃이라
이름 붙여 봅니다.

- 숨어 앉은 등

시인은 시집 『문신을 읽다』를 통해 자신이 발견한 세계의 무늬와 그것이 상징하는 오래된 지혜들을 우리에게 말해주고 있다. 이 시집은 우리가 사회라는 좁은 틀에서 벗어나 자연과 우주로 자아와 생명을 확장하는 모험을 나설 때, 좋은 나침반이 될 것이라 생각한다. 더 다채로운 세계의 무늬와 더 깊어진 시적 인식을 다음 시집에서도 만날 수 있길 기대한다.

김선아 제2시집

문신을 읽다

초판1쇄 발행 2016년 5월 25일

지은이 김선아
펴낸이 이길안
펴낸곳 세종출판사

주소 부산광역시 중구 흑교로 71번길 12 (보수동2가)
전화 463－5898, 253－2213~5
팩스 248－4880
전자우편 sjpl@chol.com
출판등록 제02-01-96

ISBN 979-11-5979-045-4-03810

정가 8,000원

본 도서는 2016년 부산문화재단 지역문화예술육성지원사업의 일부 지원으로 시행됩니다.